Lb 2508.

DEFENSE

DES RENTIERS

DE L'ÉTAT,

Où l'on démontre, par des raisons nouvelles, la moralité
et l'inviolabilité de la rente,

PAR A. M. MADROLLE.

DEUXIÈME ÉDITION REVUE ET SIMPLIFIÉE.

« Comme la foi publique ne peut manquer à un
certain nombre de citoyens, sans paraître manquer
à tous ; comme la classe des créanciers de l'État est
toujours la plus opposée aux projets des ministres, et
qu'elle est *toujours sous sa main*, IL FAUT *que l'État* lui
accorde une singulière protection. »
(MONTESQUIEU, *Esprit des Lois*.)

PARIS,

BEAUJOUAN, LIBRAIRE,
RUE DES GRANDS-AUGUSTINS, 18 ;

DE LOSSY, LIBRAIRE, RUE DE TOURNON, 1.

1836.

OUVRAGES DU MÊME AUTEUR.

TABLEAU DE LA DÉGÉNÉRATION DE LA FRANCE, DE SES MOYENS DE GRANDEUR, ET D'UNE RÉFORME FONDAMENTALE DANS LA LITTÉRATURE, LA PHILOSOPHIE ET LE GOUVERNEMENT. Un volume in-8º, renfermant la matière de plusieurs, et sorti des presses de Rignoux.

LE PRÊTRE DEVANT LE SIÈCLE, OU L'ON RÉDUIT A SES PLUS SIMPLES TERMES ET A L'ÉCLAT DE LA DÉMONSTRATION, LE SYSTÈME TOUT ENTIER DE L'ÉGLISE ROMAINE. In-8º de 40 pages. — Prix : 1 fr. 25 c.

Plus de 1,000 exemplaires de cet opuscule ont été vendus dans les trois semaines de sa première publication.

DÉFENSE

DES

RENTIERS DE L'ÉTAT.

Tout le monde a traité ou traitera la question de la réduction des rentes dans ses rapports de finances; nous allons la mettre en regard avec les intérêts de la morale et le salut même de l'État.

Il y a des préventions invétérées sur l'origine et la nature de la dette publique, sur son utilité, sur la protection qu'elle mérite. Un grand nombre d'économistes s'aveuglent, M. de Villèle le premier s'aveugla devant les fâcheux résultats que la mesure projetée de réduction entraîne avec elle : nous éprouvons le besoin de dissiper ces préjugés et de faire voir ces illusions.

Nous le ferons sans passion, le faisant sans intérêt. Nous ne nous prévaudrons que de faits constans, et nous n'userons que de la logique froide et rigoureuse. Car nous voulons bien croire à la bonne foi d'une chambre ou d'un ministère quelconque.

La morale des particuliers est avant tout celle des gouvernemens.

Depuis l'établissement du christianisme, le prêt d'argent à intérêt de même nature, en France comme dans tout le reste de l'Europe, sévèrement défendu et réprimé par le double pouvoir religieux et politique, semblait relégué chez les juifs qu'il enrichissait au prix de la haine et quelquefois de la persécution. Aujourd'hui même, ce prêt semble encore affecté de la même proscription, et les familles les plus distinguées et les plus vertueuses de la société ne croiraient pas pouvoir le pratiquer sans déroger ou se compromettre.

Faut-il, après tout, s'en étonner? Par le prêt, celui-là qui a des besoins à satisfaire, pourtant les augmente, en se soumettant à une redevance périodique et inévitable, sans être libéré, quelles que soient ses pertes, de l'obligation du capital.

C'est du sein de la défaveur attachée, dans le monde entier, au prêt à intérêt, que sont sorties successivement, ou à la fois, les institutions des *rentes foncières* et des *rentes constituées*. Par elles, du moins, un emprunteur, naturellement malheureux, se trouvait à jamais propriétaire de fonds de terre productifs ou de capitaux utiles, qui le mettaient en état de payer la redevance. Mais ces usages durent être, et furent aussi pendant long-temps, particuliers aux citoyens entre eux. Les corporations, les villes, les provinces, et surtout l'É-tat, y étaient en général étrangers. Les rentes constituées, qui ne devinrent fréquentes, entre particuliers, que dans le xvᵉ siècle (1), ne le furent des particuliers à l'État que dans le xviiᵉ (2).

La raison de la différence est sensible :

Un particulier livre aisément un capital à un particulier dont il connaît la probité ou la solvabilité, dont il peut facilement suivre des yeux la conduite et la garantie, et qu'il lui est facile de *discuter* en justice. Lorsqu'au contraire, il s'agit de s'abandonner à l'État pour de grands intérêts, on y regarde.

Quelle prise avoir sur un être contre les volontés duquel l'action vous est interdite, et dont les iniquités ne vous laissent de remède que la résignation ?

« Il y a bien de la différence entre le roi et le particulier, dit
» Loyseau, parce que, si le particulier ne veut pas payer, on l'y
» peut contraindre, tant qu'il y a de quoi, et quand il n'y a plus rien,
» il est par conséquent discuté, et il a alors recours contre le cédant.
» Mais, au contraire, le roi n'est jamais insolvable; mais aussi,
» QUAND IL NE VEUT PAS PAYER, IL N'Y PEUT ÊTRE CONTRAINT.

» Et comme deux choses sont requises pour faire qu'une dette
» soit bonne, savoir : les moyens et la convention (3), si un parti-
» culier a les moyens, la convention n'en est jamais impossible; tout
» au contraire au fisque, les moyens y sont; mais si la volonté de
» payer n'y est pas, la convention est totalement impossible. *Cela*
» *a été cause d'avoir inventé une clause particulière* pour les transports
» des rentes du roi, ou du moins une addition à la clause de *fournir*
» *et faire valoir*, en ces mots, ou autres semblables, *nonobstant le fait*
» *du prince, cas d'hostilité, retardement de deniers, détournement d'assi-*
» *gnation, changement de monnaie, et généralement tous cas fortuits, ino-*

---

(1) Il y en a une preuve irréfragable, c'est la loi canonique que l'autorité religieuse se trouva dans le cas de rendre pour les autoriser : « Plusieurs casuistes sévères de ce temps là, dit le savant jurisconsulte d'Héricourt, pré-tendaient que ces sortes de rentes étaient usuraires. Le Pape Martin V fut consulté, et publia une bulle en 1420, par laquelle il approuva ces rentes. »

(2) On a encore à cet égard pour garant une grande autorité, et une auto-rité bien analogue à la matière, c'est celle de Loyseau, grand jurisconsulte aussi, auteur d'un traité *de la Garantie des Rentes*, et qui fait observer, dans le chapitre *De la Garantie des Rentes sur l'État*, que ce n'était alors (au xviiᵉ siècle) que *depuis cinquante ans qu'on avait commencé d'en constituer.*

(3) C'est-à-dire, dans la langue du droit ancien, l'*action judiciaire.*

» *pinés, exprimés et non exprimés.* » Les craintes qu'on avait dans le siècle de Louis le Grand, on n'a pas eu lieu, je pense, de cesser de les avoir sous son petit-fils Louis-Philippe.

Lorsqu'on s'est décidé, particulier, à prêter des sommes à l'État, on ne le fait que forcé par la violence, ou séduit par l'appât d'un plus grand intérêt. La dette publique ne saurait avoir, et n'a jamais eu en effet, d'autre principe que ces deux là; et, sous ce rapport, elle diffère essentiellement de la dette civile. Nous en appellons à l'histoire des finances, et nous ne craignons pas d'en être contredit. On verra bientôt de quelle importance il était de fixer ce point de départ.

Parce que les rentes sur l'État auraient été, dans le principe, l'effet de la violence ou celui de la cupidité, il ne faudrait pas s'imaginer qu'aujourd'hui elles ne seraient pas bienfaisantes, et même nécessaires. C'est la destinée de la plupart des grandes choses, d'avoir commencé par des désordres. La rente, qui originairement put être odieuse, est devenue, nous ne craignons pas de le dire, digne de la protection et même de la faveur des gouvernemens.

Il y a deux grandes sections dans le corps social, les forts et les faibles; et ceux-ci apparemment ne sont ni les moins nombreux, ni les moins intéressans. Or, c'est un fait, que leur sort, plus que celui des autres, est lié à la dette publique.

Un nombre infini de filles célibataires et de veuves, un nombre plus grand encore de gens pauvres et infirmes de toutes les classes, impuissans à posséder des immeubles, parce qu'ils sont impuissans à les affermer, à les surveiller, à soutenir les procès que leur usage rend inévitables, dans un siècle et dans un monde de praticiens, ont depuis long-temps recueilli leurs fonds, les ont placés sur l'État, et en vivent au grand avantage de la société, ainsi qu'au leur.

Nul ne saurait contester ce point.

Mais, outre cette sorte de personnes dont la rente publique est le seul moyen d'existence, il en est d'autres, et non moins dignes de protection, pour lesquelles elle est la propriété naturelle. Cette foule d'hommes qui cultivent les lettres et les sciences, les ecclésiastiques que la révolution a expropriés, que l'État traite comme le dernier de ses serviteurs, et à qui la nature plus équitable a laissé le *denier* de la *pauvre* famille, ces individus divers qui ont besoin de paix, en même temps qu'ils sont en général incapables des choses de la vie, trouvent leur affaire dans la possession des rentes.

Tant de personnes des deux sexes que le crime ou le malheur a froissées; tant de réfugiés de tous les pays, à qui nous offrons l'hospitalité; tant d'êtres enfin dont le monde ne veut pas, ou qui ne veulent pas du monde, et qui toutefois par leur résignation ou leur repentir méritent de n'être point abandonnés , ont aussi, dans les rentes sur l'État, une nature de biens analogue à leur position. Le grand livre est à leurs fortunes ce que les anciens monastères étaient pour les personnes malheureuses , un secret asile ouvert à la liberté des larmes ou de la vertu.

Mais , dira-t-on , l'intérêt que vous soutenez là n'est pas celui des provinces, mais seulement de la capitale ? Et quand même ! si la capitale est odieuse pour ses vices, doit-elle l'être pour ses mérites ? Elle renferme sans doute une foule de gens inutiles ou coupables, que la facilité de la rente entretient dans l'oisiveté, ou favorise dans le désordre. La rente est la matière de basses spéculations, de ruines terribles, de désespoirs scandaleux , et d'enrichissemens plus scandaleux encore. Mais si elle nourrit, enrichit ou ruine des mauvais sujets, elle entretient aussi des familles honnêtes ; et les premiers sont toujours en aussi petit nombre que les autres sont considérables. Ils se composent, en général, des petits commerçans retirés, que l'expérience et l'âge ont rendus si favorables à l'ordre public, et même à la religion. Cette intéressante classe de la société ne doit pas être sacrifiée à l'autre ; sans quoi nous violerions assez bien la maxime : Qu'il vaut mieux laisser vivre plusieurs coupables , que de courir seulement la chance de faire mourir un seul innocent. Il n'est rien dans la société qui ne soit instrument de mal comme de bien ; et si une chose devait être retranchée parce qu'on peut en abuser, il faudrait détruire le pouvoir, qui est un moyen de tyrannie, et jusqu'aux sujets qui peuvent être des instrumens de révolte. Les abus d'une chose qui a des avantages sont toujours la faute du gouvernement, qui ne sait pas , ou ne veut pas les voir ou les prévenir ; le fait de l'institution , jamais.

Si l'on ôte les rentes du grand livre, et c'est presque les en ôter que de poser en principe le droit de réduction, et les réduire en effet, il faut rayer aussi Paris de la carte de France ; car il faut bien que ses habitans soient propriétaires , et les maisons de ville , ou le sol de l'Ile-de-France ne suffisent pas, sans doute, à l'étendue de leur fortune. Vous n'exigerez pas qu'ils se pourvoient d'immeubles en province : la propriété se détériore et le fermier est égoïste et trompeur, privés de l'œil du maître. Les rentes sur l'État sont seules capables de servir d'emploi aux capitaux des Parisiens.

Mais est-il bien vrai de dire que les provinces profitent peu de avantages de la rente, s'il y a des avantages dans la rente. Dans un État quelconque, tout ce qui profite à une partie, profite, par contre coup, à toutes. Les provinces ne manquent pas de moyens de faire la loi, et d'imposer des contributions aux pauvres habitans de la capitale. Et il faut dire , que , toutes choses d'ailleurs égales, le riche de Paris est toujours moins riche que celui de département ; le pauvre parisien surtout, plus pauvre que le pauvre provincial. Et puis, grâces aux progrès des lumières, à l'activité de l'esprit, à la centralisation à Paris du pouvoir, même municipal, des derniers hameaux comme des plus grandes cités de France, et avec cela de tous les talens et de tous les plaisirs, toutes les parties du royaume semblent se toucher et se confondre. C'est une opinion, partout reçue, de préférer, pour la facilité, une relation avec Paris éloigné à une correspondance avec tout ce qui n'est pas du voisinage. Les provinces les plus lointaines ne font qu'un avec la capitale, à plus forte raison celles qui l'entourent. Et pour ne citer ici qu'une sorte de faits, il n'est peut-être pas un village de France où l'on ne trouve un brave homme qui, après s'en être allé à Paris faire, à force de bras, une petite aisance, ne l'ait confiée au trésor impartial, et ne soit revenu en détailler la rente au profit de ses anciens camarades, dans son pays natal.

D'autres causes, et toutes puissantes, ont encore concouru, et surtout dans les derniers temps, à l'introduction des habitans de province dans la dette de l'État. Avant la révolution, le *bail à rente foncière* offrait aux propriétaires de fonds qui voulaient se sauver les embarras et les inconvéniens du faire-valoir, une propriété réunissant à l'avantage de la certitude et de l'importance celui de la facilité. Ce contrat est tombé en désuétude entre les citoyens, avec le traitement qu'on lui a fait subir (1), en haine des anciens nobles qui le pratiquaient plus particulièrement. Il en est résulté un déversement de capitaux sur le trésor.

Ce n'est pas tout, nous avons encore, nonobstant les efforts des révolutions, et même à cause d'eux, beaucoup de familles timorées, qui, n'osant le prêt à intérêt à des particuliers, d'ailleurs hérissé de difficultés et rempli de chances par suite de l'obscurité et de l'imperfection du système actuel hypothécaire, ont fait des prêts à intérêt à l'État, autorisés par le droit canonique.

Enfin, et pour surcroît d'engagement à l'emploi des capitaux en rentes, n'a-t-on pas vu tous les gouvernemens qui se sont succédés dans le cours de la révolution et depuis, ajoutant aux grands livres de petits grands livres, offrir la rente aux citoyens avec les facilités les plus arbitraires, sous les couleurs les plus séduisantes, et même l'imposer aux établissemens de charité ?

Disons-le donc ; une grande partie de la population de toutes les

(1) On l'a supprimé sans indemnité.

classes de la société, et les personnes et les familles les plus dignes d'égards, reçoivent la vie, ou du moins la paix, de la dette publique.

La société, de son côté, y trouve à la fois des gains d'argent et des avantages de morale. Avec la rente, l'État, s'il est habile, peut se créer des bénéfices susceptibles de lui faire diminuer l'impôt devenu si onéreux. En tout cas, il épargne à ses administrés des usures, dont la disponibilité d'une seule partie des capitaux placés sur lui ne manquerait pas d'être la cause. Enfin, le bien, la satisfaction de ses nombreux créanciers, qui ne le sont que pour la foi qu'ils ont eue en lui, et dans le désir et l'intérêt de le soutenir : n'est-ce donc pas pour lui un avantage, et le plus grand de tous ?

C'est pour cela aussi, alors même qu'elle y songeait le moins, que l'autorité a, de tout temps, accordé ou confirmé des priviléges à la rente sur l'État, qu'elle a affranchie d'impôts, et déclarée jusqu'à un certain point insaisissable. Il est vrai que quelquefois elle l'a violée (ne voudrait-elle pas la violer encore!); mais le suicide aussi a lieu dans les gouvernemens comme dans les individus; et, pour être possible, nous ne pensons pas qu'il soit légitime.....

Nous avons vu la moralité de la rente; voici son inviolabilité.

Des citoyens ont donné des capitaux à l'État, et ils en ont stipulé des rentes. Cela faisant, ils ont pensé se procurer tel ou tel revenu annuel, et ils ont, en effet, perçu, pendant une longue suite d'années, ce revenu. Ils ont vécu, ils ont fait vivre leur famille, ils l'ont élevée, ils ont réduit ses *habitudes* en *secondes natures* là-dessus. Les conséquences de cette propriété ont dépassé la famille; elles se sont naturellement étendues, d'une façon plus ou moins sensible, sur la société toute entière, par des alliances, des contrats et des engagemens de toute espèce. Comment se pourrait-il qu'une propriété qui est le fondement de tant d'actes et de tant d'espérances, ne constituât pas une propriété permanente et incommutable, un droit acquis enfin ?

On objecte que des rentiers de l'État, pour acquérir 5 fr. de rente, n'auront donné, terme moyen, que 60 fr. N'en eussent-ils donné que moitié, il faudrait encore respecter leur revenu. L'inconvenance, et même l'iniquité du prix de la rente, ne sauraient ici blesser son intégrité, parce qu'elles sont étrangères à sa validité originaire.

Et, c'est ici que montre son utilité ce que nous avons dit du *Bon Père de Famille*, qui ne se trouve jamais créancier de l'État que celui-ci ne l'y ait obligé, ou ne lui fasse une condition plus avantageuse qu'un particulier ordinaire. Le *contrat de rente* avec l'État, aujourd'hui mieux que jamais, est une sorte de contrat aléatoire, un jeu, si vous voulez, où il ne faut rien moins que la chance d'un gros bénéfice pour justifier la témérité de la confiance.

Le fisc a mauvaise grâce à opposer à son créancier l'exiguité de la somme prêtée : quelque petite qu'elle ait été, elle était toujours considérable pour lui, puisqu'il pouvait (cela suffit) impunément se l'approprier. La nullité du prix de la rente, loin d'être une raison de son iniquité, en serait plutôt une de sa justice ; car, les fonds publics ne baissent jamais qu'en raison de la faiblesse, et par conséquent du défaut de garanties, de l'État.

La preuve que le prix de la rente, quel qu'il ait été, n'était pas si disproportionné avec elle qu'on veut bien le dire, c'est qu'une foule de citoyens ont refusé de le donner, préférant le doubler pour ne le placer sur des particuliers qu'avec un bénéfice égal.

Tel est le droit des créanciers de l'État ;

C'est un droit éminemment naturel :

Il repose sur l'utilité d'acquérir.

Il n'est pas moins politique, étant fondé, pour l'État, sur le besoin de se conserver par des emprunts, et pour le citoyen, sur le devoir de venir au secours de l'État en danger.

Il est éminemment légitime, puisqu'il est pratiqué comme partie par le gouvernement, qui seul a le droit de le déclarer comme légistateur.

Le droit, pour les rentiers de l'État, de conserver leurs rentes dans leur intégrité, est un droit au moins aussi juste et aussi raisonnable que tous les droits civils. S'il pouvait y avoir une loi positive en vigueur, quelle qu'elle soit, fût-elle la charte, qui le prohibât ou permît de lui porter atteinte, il faudrait l'abroger ; parce que rien de ce qui est injuste ne doit avoir le privilége de la durée. Mais le fait est qu'ici la législation est parfaitement en harmonie avec la règle ; et ce n'est que pour l'avoir mal interprêtée que le fisc s'en est prévalu.

Le Code Civil, dit-on, permet imprescriptiblement au débiteur d'une rente de la racheter (1)? oui, dans le cas où le rachat a été prévu lors du contrat originaire ; oui, lorsqu'il peut se faire sans inconvéniens, et même à l'avantage du créancier, comme cela arrive toujours entre particuliers ; mais non, certainement, quand il est impossible sans ruiner sa fortune et compromettre son existence.

Le Code, ajoute-t-on, n'a pas distingué ? Et si le bon sens distingue ! Il y a bien d'autres dispositions où ce Code n'a pas fait ce qu'il aurait dû faire, et où le juge qui le redresse le fait pour lui. Lorsqu'on cite des lois, on devrait bien *noter* celles qui, comme le Code Civil,

---

(1) Art. 1911.

ont été improvisées dans un intervalle plus ou moins lucide de la révolution, afin, du moins, de mettre ses lecteurs sur leurs gardes. Mais, après tout, ce pauvre Code Civil n'a reçu que trop de reproches mérités, sans en recevoir qu'il ne mérite pas. Il a pris cent fois le soin d'avertir ses justiciables qu'il ne s'était pas occupé de telle ou telle matière. Il l'a fait, une fois pour toutes, dans le dernier article de sa loi de réunion et de clôture. Il l'a dit, en particulier, de la plupart des affaires publiques (1). Celle de la rente de l'État est assez explicitement comprise dans l'exception.

Il ne faut, pour s'en convaincre, que la considération du chapitre où la disposition du rachat des rentes est intercalée : c'est celui du *Prêt à intérêt* et de l'usure, que le gouvernement permet ou réprime, mais ne fait pas. Ce n'est pas tout. Un article, surtout dans un code où il y en a plusieurs milliers, s'il est obscur, s'interprète par ceux qui le touchent ; et il se trouve précisément que les deux articles qui suivent celui du rachat de la rente prévoient trois cas de sa résolution en faveur du créancier, dont aucun ne saurait s'appliquer aux rentiers de l'État : le défaut *d'accomplissement d'obligation pendant deux ans,* l'inexécution des *sûretés promises,* et *la faillite.* Car, si le gouvernement fait quelquefois banqueroute aussi, nous ne pensons pas qu'il puisse prétendre avoir prévu sa turpitude.

Le ministère n'est pas recevable à se prévaloir du Code Civil contre les rentiers de l'État. Le serait-il à arguer de lois, plus ou moins anciennes ou révolutionnaires, qui permettraient le rachat ? Non, car ce serait comme s'il se prévalait de sa volonté arbitraire. Lui, ou ses prédécesseurs, ont fait ces lois dans leur propre intérêt ; ils se sont faits juges dans la cause où ils étaient parties ; ils sont suspects d'aveuglement, et, par conséquent, susceptibles de récusation.

S'il y avait, sur la question, une loi digne d'être citée, ce serait l'article 70 de la charte, qui, en statuant que *la dette publique est garantie* et que *toute espèce d'engagement* pris par l'État envers ses créanciers est inviolable, proclame éminemment, selon nous, l'intégrité de la rente et son inviolabilité. On ne saurait trop s'étonner après cela que l'ordre de choses qui se prétend le plus éclairé et le plus juste qu'il y ait encore eu en France depuis un siècle, descendit à la violer.

Les effets de la réduction qu'on se propose sont tous plus désastreux les uns que les autres. Subira-t-on, purement et simplement, la réduction ? Il faudra, et tout-à-coup, réduire sa dépense, et par conséquent, changer son avenir et rompre sa vie présente ; il faudra

---

(1) Art. 636, 714, 715, etc.

s'imposer de rudes privations, et manquer même à ses engagemens.

Si l'on retire ses fonds du trésor, le mal ne sera pas moins grand; n'en résultât-il que les seuls frais de mutation de propriété et de remploi, ce serait déjà une perte considérable, et d'autant plus qu'elle porterait sur les classes pauvres et faibles.

Mais, après tout, elle serait encore supportable, si du moins le remploi pouvait se faire facilement et avec avantage.

Or, c'est précisément ce qui ne saurait arriver.

Déjà la propriété foncière est devenue si précieuse, que pour un vendeur, et encore obligé, il se trouve dix prétendans en concurrence. Que sera-ce, si l'on suppose des masses de rentiers devenus capitalistes, et, tous ensemble, et dans le même moment, en rang et dans l'obligation impérieuse d'acquérir? Il est évident qu'ils se trouvent placés dans l'impuissance de faire des emplois, ou dans l'obligation d'en faire de désavantageux; et que ce n'est pas la force des circonstances, mais bien le gouvernement, qui les place dans cette perplexité.

Cependant, leurs besoins courront apparemment, et leurs revenus seront suspendus.

Nous avons parlé, pour les rentiers remboursés, d'emplois en immeubles; on ne leur suppose sûrement pas la ressource du prêt habituel à intérêt, ou de la banque. Il serait trop fort qu'un gouvernement, pour la réparation d'un de ses *coups d'État*, mît en ligne de compte les appâts de l'usure et les charmes d'un vice.

Nous avons signalé les pertes matérielles qui seraient infailliblement l'effet de la réduction de la rente.

Voici les conséquences morales :

La seule disponibilité d'une seule fortune est un fléau, et peut-être le plus grand de tous. C'était pour l'éviter que les anciennes *Coutumes* françaises avaient mis tant d'entraves à la circulation des propriétés, et pour le produire que la révolution en a tant levé. L'argent, et précisément parce qu'il est un instrument de charité, en est un aussi de corruption et de crimes.

C'est une arme que les bons gouvernemens devraient trembler de mettre, hors le cas de nécessité, à la main des citoyens.

Eh bien ! le remboursement des rentes publiques va, en un instant, sans préparation, et sans qu'on aperçoive avant long-temps de terme au mal, la multiplier à l'infini, dans toutes les classes, et dans les personnes qui, parce qu'elles sont plus dépendantes, ont plus à la redouter et à la faire redouter.

C'est du sein de tant de possessions imprévues et inaccoutumées que sortiraient, comme de leur source la plus féconde, et les procès causes de haines, et les ruines désespérantes, et les fortunes causes de jalousies, dont les contre-coups sont toujours pour les gouvernemens qui les ont voulus. Si la régence, dit le *moraliste* Duclos, est une des époques de la dépravation des mœurs, le système de Law en est encore une plus marquée de la corruption des âmes. »

On prétend venir au secours de la propriété foncière ! Elle a, de de nos jours, un privilége supérieur à tous les priviléges de la rente. Elle honore, elle donne de l'*aplomb* et des avantages dans les affaires; et cela, parce qu'elle est visible, et qu'elle *luit au soleil*, comme on dit, à la différence de l'humble, timide et quasi-honteuse rente, sorte d'*assignat* déconsidéré.

La terre seule rend électeur, éligible, député, pair, ministre.

Elle a fait roi Louis-Philippe lui-même; car il est clair qu'il était le plus riche propriétaire du royaume, plus visiblement qu'autre chose, comme avait été jadis Hugues Capet.

Le gouvernement qui s'imagine, en réduisant la rente, faire quelque chose pour la propriété foncière, aggrave, au contraire, sa condition. Déjà, les frais de culture et d'impôt payés, elle suffit à peine à nourrir son maître. On l'acquiert, on la garde, on l'aime, et surtout depuis qu'elle est une cause d'éligibilité aux fonctions publiques, par orgueil bien plus que par intérêt. Multipliez le nombre des prétendans, et vous achevez, à la longue, de modifier son utilité réelle, et même ses honneurs.

Dans le fait, c'est au respect de tous les genres de propriétés et de droits acquis, qu'un seul genre de propriétés ou de droits tire tous ses avantages particuliers; et toutes les iniquités d'un genre de propriétaires contre les autres propriétaires sont, tôt ou tard, des suicides.

Si le gouvernement trouvait grave l'inconvénient des pertes du trésor, il l'essuiera inévitablement par l'effet de la mesure qu'il propose ou qu'il fait proposer.

On aura beau calculer et présenter des tables d'additions, de divisions et de multiplications, prétendues démonstratives de bénéfices financiers et de spéculations industrielles qui en seront le fruit; cette fois, comme toutes les autres, la prévoyance sera démentie par l'événement. Il est une règle de jugement bien autrement sûre que celle de l'arithmétique, c'est celle de ce *bon sens* que Bossuet, pour le moins aussi habile politique que bon théologien, appelait le *maître des affaires.* Or, le bon sens dit, et dira éternellement, que les gouvernemens ne valent pas les particuliers pour l'exécution ponctuelle des engagemens; qu'il leur arrive souvent d'y manquer, et que le moment même où ils y manqueraient de nouveau, n'est pas celui que le indifférens, et plus encore les victimes, choisiraient pour leur confier leurs capitaux. L'argent remboursé se placerait en maisons, en terres, en spéculations industrielles. Il chercherait à l'étranger, où se fixerait par contrecoup son possesseur, des débouchés que la patrie lui aurait refusés. On le gardera, s'il le faut. Il échappera, du moins en très-grande partie, au gouvernement, qui pourtant, alors même qu'il l'offre, et précisément parce qu'il l'offre, a besoin de lui, et y compte.

Car il se sera mis, tout chrétien, tout catholique qu'il se proclame, à la merci des *Rotschilds* et de tous les Juifs de la terre, grands *entrepreneurs du trésor*; et il serait impoli de manquer à un petit nombre de Judas de haut parage, avec lesquels on a traité en personne, alors même qu'on méconnaît des conventions faites avec de grandes classes tout entières de la société.

Les hommes, et par conséquent les peuples, sont naturellement tranquilles.

La plupart des gouvernemens qui sont tombés, ont dû leur chûte à la violation des droits acquis; car il n'est rien, comme cette violation, pour faire, avec le temps et quelquefois tout d'un coup, les *cœurs gros* qui font, à leur tour, les émeutes et les révolutions.

Bonaparte sentait bien que les trônes tenaient à la garantie de toutes les sortes de propriétés; et c'est pour cela qu'il ne voulait pas, comme il disait en plein conseil d'état, que *le sol tremblât*.

Aujourd'hui surtout, il en est des portefeuilles comme du sol : ils ne sauraient *trembler* que tout ne tremble, même *le sol*.

La monarchie a plus besoin que jamais de la force de l'opinion publique et de l'appui de tous les citoyens. Si elle a pour cela des moyens, c'est assurément l'usage de la probité : car les hommes de nos jours, en général matériels, tiennent plus compte à l'autorité de ce qu'elle fait pour leur argent que de ce qu'elle fait pour leur intelligence.

Et c'est, lorsque l'autorité a si besoin de force, et que la force lui est si aisée, qu'elle s'aviserait de blesser l'intérêt, le droit le mieux acquis, de ses rentiers, c'est-à-dire de la sorte de gens, qui en prenant ou en conservant des actions dans sa fortune flottante ou en péril, ont eu le plus de confiance en elle, sont les amis-nés de son maintien et de sa prospérité, et les ennemis naturels de la révolte. Car si la monarchie de juillet a des hommes en propre, ce sont les rentiers.

Le premier malheur qui résulterait de sa mesure pour elle, ce serait la déconsidération, la défiance, et puis l'abandon. Elle disposerait les esprits à la confondre avec la révolution, dont la suppression de droits, ou leur réduction, était le *droit commun*, et qui est aussi odieuse pour la propriété qu'elle a confisquée que pour le sang qu'elle a répandu ; car on le fait couler comme moyen, jamais comme objet. Elle s'interdit les lois les plus bienfaisantes et l'action la plus salutaire. Elle se place même dans la triste position de conserver ou de faire le mal malgré elle ; car c'est une loi de la Providence, que le despotisme appelle le despotisme, comme la justice appelle la justice. Toutes les iniquités, comme toutes les bienfaisances, sont solidaires.

Et quels hommes encore l'autorité s'aliénerait par la mesure en question ! Ceux-là qui sont aussi dangereux lorsqu'ils sont ennemis qu'utiles quand ils sont auxiliaires. Les propriétaires d'immeubles ne peuvent rien, les capitalistes tout pour les troubles. Nous le savons assez. Si l'argent avait manqué pour salarier la populace de 1789, le fer des révolutions serait encore dans le fourreau ;

Trojaque nunc stares, Priamque arx alta maneres!

La réduction de la rente enfin n'est ni plus ni moins que la réduction de la force d'un gouvernement, et l'accroissement de celle de ses adversaires. Et pourtant, ceux-ci combattent le projet de la loi ! Dieu en soit loué ! Cela prouve du moins qu'en France, dès qu'il s'agit de justice, on répudie jusqu'à ses chances de victoires.

Le tableau que nous avons fait des fâcheux résultats d'une loi de finance ne paraîtra exagéré qu'à ceux (il est vrai qu'il y en a beaucoup) qui ne savent pas que tout se lie dans l'ordre social, et qui ignorent l'admirable enchaînement et le travail énergique des causes et des conséquences.

Le gouvernement blesse au vif les intérets d'une grande partie de la population ; il expose par là sa propre existence, puisqu'il aventure celle de la monarchie peut-être ; il court enfin des chances effrayantes, et, en dernière analyse, pour *quoi* et pour *qui !*

Le gouvernement d'Angleterre a fait, dit-on, ce que le nôtre veut faire.

Les exemples d'une action de l'État, comme ceux d'une action privée, ne sauraient être une raison que lorsqu'il est prouvé que l'action était raisonnable dans son principe, et quelle a été juste et bienfaisante dans son résultat. Hors de là, les exemples, loin d'être un engagement à faire, ne doivent plus être qu'un obstacle.

Or, quel est le financier, quelque habile qu'on le suppose, qui oserait se croire et se dire capable, en citant l'exemple de la réduction de la rente anglaise, comme moyen de justifier la réduction de la nôtre, de démontrer, et la légitimité de l'opération britannique, et surtout la justice de son application, et l'utilité réelle et morale de son effet? J'admets de la prospérité en Angleterre, dans les années qui ont suivi la réduction de la dette : comment établir qu'elle en était le fruit? et de quel bien, au fond, pourrait-on parler, dans un pays où toutes les libertés sont violées (1) au nom de la liberté; où les crimes de tous genres sont si communs que tout le monde est appelé à les juger, et presque personne à en répondre ?

C'est pourtant l'exemple de cette Angleterre, tout seul, et peut-être encore, parce qu'il a été loué sans raisonnement, selon sa coutume, par Montesquieu (2), qui a donné chez nous l'idée de la désastreuse expropriation que nous combattons. Jusqu'à quand un peuple qui, pendant des siècles, a donné le ton à l'Europe, s'avilira-t-il au point de chercher sans cesse et de suivre quelquefois les exemples chez une nation qui, depuis long-temps (3), a pris l'initiative dans tous les genres de révolte et de tyrannie? Faisons le bien, malgré les exemples toujours nombreux du mal, et notre fait servira d'exemple à son tour...

Il y a une sorte de rivalité, et par conséquent de contradiction entre les propriétaires et les rentiers.

---

(1) La liberté de la propriété par l'accablante *taxe des pauvres;* celle de la dignité par la *presse des matelots*; et jusqu'à celle de la pensée, par les horribles lois contre les catholiques d'Irlande.

(2) Liv. XXII, chap. XVIII. —« Lorsque l'Etat emprunte, dit-il, ce sont les particuliers qui fixent le taux de l'intérêt; lorsque l'Etat veut payer, c'est à lui à le fixer. » Il n'y a pas là un mot qui ne soit pas un sophisme. Montesquieu, simple légiste de parlement et de *droit écrit,* ou étroit, ne voit la question de la rente publique que comme celle de la rente particulière, et il juge la cause de l'immense classe des rentiers de l'Etat comme il eut jugé le procès d'un rentier justiciable de la chambre qu'il présidait au parlement de Bordeaux. Il a pourtant un chapitre *ad hoc :* QU'IL NE FAUT POINT DÉCIDER PAR LES RÈGLES DE DROIT CIVIL QUAND IL S'AGIT DE DÉCIDER PAR CELLE DU DROIT POLITIQUE. Je ne voudrais, pour faire sentir l'absence de logique qui se trouve dans ce passage de l'auteur de *l'Esprit des Lois,* que Voltaire appelait de *la matière contre les lois,* qu'un de ceux qui le suivent dans le même chapitre : «Comme ON NE PEUT CHARGER PLUS LA CLASSE DES RENTIERS SANS DÉTRUIRE LA CONFIANCE PUBLIQUE, dont l'Etat en général a UN SOUVERAIN BESOIN; comme la foi publique ne peut manquer à un certain nombre de citoyens, sans paraître manquer A TOUS; comme la classe des créanciers de l'Etat est toujours la plus exposée aux projets des ministres, et qu'elle est toujours sous ses yeux et SOUS SA MAIN, IL FAUT que l'Etat lui accorde une singulière protection. »

(3) Il suffit, pour s'en convaincre, de se rappeler que Wiclef a précédé Calvin, Cromwell Bonaparte, et que nous n'avons jamais eu d'Henri VIII.

Avec le même capital, les uns obtiennent à peine, par beaucoup de soins, de soucis et de chances, moitié du revenu qu'ont les autres. Ils s'en trouvent blessés; sans faire attention à la considération que leur propriété leur donne, à l'influence civile ou politique dont elle est pour eux la source, toutes choses étrangères aux rentiers. D'ailleurs, le propriétaire de fonds ne craint que la nature, qui de soi est féconde; le rentier, lui, est à la merci des gouvernemens, et, qui plus est, des perturbateurs. La preuve que le propriétaire lui-même trouve sa condition meilleure que celle du rentier, c'est que pouvant se la procurer, il l'a dédaignée.

Quoi qu'il en soit, la rivalité existe entre les propriétaires et les rentiers de l'État.

Les premiers, en général, seraient d'assez mauvais juges des seconds; et l'on ne saurait trop s'imaginer l'effet des préventions de condition sur les esprits d'ailleurs les plus éclairés et les plus indépendans.

La chambre des députés, toute pleine à présent de petits propriétaires fonciers, impatiens de l'impôt et jaloux de la rente, est un juge intéressé, étroit et récusable.

La chambre des pairs, au contraire, composée, encore aujourd'hui, d'assez peu de propriétaires, naturellement plus éclairés et moins susceptibles de rivalité ou de cupidité que les petits ou les médiocres, saurait, au besoin, n'en doutons pas, apprécier la rente selon la raison de justice, qui est toujours la raison d'État; elle ne la jugerait pas sur les raisons toujours pauvres d'un financier pur et simple.

Quoi qu'il en soit, et si jamais il arrivait qu'un ministère quelconque s'abandonnât sérieusement à la réduction, ne pourrait-il pas ne la faire porter que sur les rentes futures, et ne pas donner à la théorie nouvelle un si terrible effet rétroactif? Il faudrait bien, en tous cas, qu'il en exceptât toutes les rentes qui n'excéderaient pas 1,500 francs. Car elles sont, celles-là, le saint *denier du pauvre*, le quel crierait éternellement contre ses spoliateurs. C'était jadis le vœu et le vote du premier pasteur de la capitale, qui depuis s'est faite si oublieuse, si ingrate, si terrible... Elle l'est encore! *O tempora! ô mores !!!*

IMPRIMERIE DE BEAULÉ ET JUBIN,
Rue du Monceau-Saint-Gervais, 8.